Raphaël-Georges Lévy

La Dette française

Essai

 Le code de la propriété intellectuelle du 1er juillet 1992 interdit en effet expressément la photocopie à usage collectif sans autorisation des ayants droit. Or, cette pratique s'est généralisée dans les établissements d'enseignement supérieur, provoquant une baisse brutale des achats de livres et de revues, au point que la possibilité même pour les auteurs de créer des œuvres nouvelles et de les faire éditer correctement est aujourd'hui menacée. En application de la loi du 11 mars 1957, il est interdit de reproduire intégralement ou partiellement le présent ouvrage, sur quelque support que ce soit, sans autorisation de l'Éditeur ou du Centre Français d'Exploitation du Droit de Copie , 20, rue Grands Augustins, 75006 Paris.

ISBN : 978-1545438152

10 9 8 7 6 5 4 3 2 1

Raphaël-Georges Lévy

La Dette française

Essai

Table de Matières

INTRODUCTION	6
I. — L'ANCIEN RÉGIME JUSQU'EN 1789	7
II. — LA RÉVOLUTION ET LE PREMIER EMPIRE	12
III. — LA RESTAURATION, LA MONARCHIE DE JUILLET, LA SECONDE RÉPUBLIQUE, LE SECOND EMPIRE	15
IV. — LA GUERRE DE 1870 ET LA TROISIÈME RÉPUBLIQUE JUSQU'A LA GUERRE ACTUELLE	19
V. — LA GUERRE DE 1914-1916	26

INTRODUCTION

La France, qui avait réussi à financer les seize premiers mois de guerre sans créer de rentes consolidées, vient d'émettre un grand emprunt 5 pour 100, qui a obtenu un succès considérable. Sous beaucoup de rapports, cette opération de crédit se distingue de toutes celles qui l'ont précédée : à aucune époque de notre histoire, nous n'avons connu de chiffres approchant de ceux qui ont été proclamés à la clôture de la souscription.

D'autre part, certaines modalités étaient entièrement nouvelles et constituaient une véritable expérience tentée au regard de notre public. A ces différents titres, l'emprunt de 1915 mérite de retenir une fois de plus notre attention ; il convient, à cette occasion, de retracer l'histoire de la Dette française, que nous diviserons en cinq périodes : celle qui a précédé 1789 ; celle qui embrasse la Révolution et le premier Empire ; celle qui correspond à la Restauration, la monarchie de Juillet, la République de 1848 et le second Empire ; celle qui comprend la guerre de 1870 et la troisième République jusqu'en 1914 ; enfin, celle qui date de la présente guerre, et qui, en dix-huit mois, a apporté dans ce domaine des modifications plus soudaines et plus considérables que ne l'avaient fait des siècles antérieurs.

Même en tenant compte de la différence de valeur des monnaies d'autrefois et de celles d'aujourd'hui, les chiffres des engagements du Trésor royal étaient peu de chose à côté de ceux du XXe siècle. Ils avaient cependant fini par provoquer de tels embarras que la chute de Louis XVI a été due en partie à la situation des finances publiques. Le désordre fut au comble au début de la seconde période, sous la Révolution. Mais Napoléon apporta un ordre merveilleux dans la gestion des deniers publics et conquit l'Europe sans augmenter les charges de la France. Au cours de la troisième époque (1815-1870), quatre régimes politiques se sont succédé : un trait commun les caractérise, c'est le développement économique rapide du pays, qui, au cours du xixe siècle, s'est industrialisé, et dont les budgets ont alors suivi une progression ininterrompue. La quatrième époque est celle de la troisième République : de 1870 à 1914, la Dette française a triplé, mais une partie notable de cette augmentation a été la conséquence de la politique du second Empire. D'ailleurs, si le capital des emprunts a subi pendant ces quarante-quatre ans une majoration rapide, le taux d'intérêt a baissé presque de moitié, en sorte que les contribuables ont trouvé là une compensation à l'aggravation des charges provoquée par les opérations nouvelles. La cinquième période date du 1er août 1914 : elle a déjà vu notre dette consolidée croître de plus de 60 pour 100.

I. — L'ANCIEN RÉGIME JUSQU'EN 1789

Avoir (est-ce bien le verbe qu'il convient d'employer ?) une dette paraît, de nos jours, l'un des apanages de la souveraineté. Il n'est si minuscule Etat qui, à l'exemple des plus grands, ne croie devoir emprunter sous forme d'obligations négociables sur les marchés financiers, et qui ne pense affirmer ainsi son droit à l'existence dans le concert des Puissances autonomes. A peine une principauté s'est-elle constituée que, avant même d'avoir coupé tous les liens qui la rattachaient à un Etat suzerain, elle cherche et trouve des banquiers complaisants qui monnayent sa signature et placent dans le public ses rentes, entourées de garanties plus ou moins sérieuses. Cette forme moderne des emprunts publics a pris, durant le XIXe siècle, une extension tout à fait extraordinaire, qui a coïncidé avec le progrès de la fortune mobilière, et qui a fait du crédit des empires, royaumes et républiques, une sorte de marchandise courante, qui s'échange à chaque minute dans les principales Bourses du monde, et dont les cours reflètent le crédit de chacun d'eux, c'est-à-dire l'opinion que la majorité des hommes se. forment de la solvabilité du débiteur. C'est l'existence de ces marchés publics, l'ampleur des transactions qui s'y effectuent, qui a donné, dans le monde contemporain, un aspect particulier au problème des dettes publiques. Mais l'existence de celles-ci n'est pas un phénomène récent. On peut remonter haut dans l'histoire et y trouver à chaque page la trace d'opérations financières par lesquelles les gouvernements se procuraient des ressources. Les républiques de la Grèce antique,[1] la Rome impériale, eurent souvent besoin d'emprunter. L'ancienne monarchie française, à maintes reprises,

---
1 Voyez notre communication à l'Académie des Sciences morales et politiques de 1911.

fit des avances aux nations étrangères, auxquelles elle était alliée, et qui combattaient pour sa politique ; mais elle empruntait elle-même à ses propres sujets. Les rentes sur le Trésor et sur l'Hôtel de Ville jouaient un rôle important dans la vie économique de nos pères. Il arrivait que les arrérages n'en fussent pas toujours régulièrement payés. On a souvent cité les vers de Boileau :

… plus pâle qu'un rentier
A l'aspect d'un édit qui retranche un quartier.

En vertu du droit du plus fort, l'Etat débiteur supprimait parfois un ou plusieurs trimestres de l'annuité qu'il s'était engagé à verser régulièrement et intégralement entre les mains de ses bailleurs de fonds. A mesure qu'on avance dans l'étude de notre histoire, aux XVIIe et XVIIIe siècles, on trouve le Trésor en proie à des difficultés croissantes ; on voit les déficits grandir sans cesse, les ministres avoir recours à des expédients de plus en plus dangereux, si bien qu'on a pu dire que le désordre financier n'avait pas été une des moindres causes de la Révolution de 1789.

L'habitude d'emprunter était beaucoup plus invétérée chez nos rois qu'où ne le croit généralement. En 1287, Philippe le Bel enjoignait à son trésorier de procéder au remboursement d'emprunts contractés antérieurement par lui dans la généralité de Rouen ; en 1299, il agissait de même en Saintonge. Son successeur, Louis le Hutin, formule de nombreuses demandes de prêt, qu'il promet de rembourser en affectant à leur sûreté certains revenus de la couronne. Le 4 juin 1315, envoyant des délégués conclure une opération de ce genre à Lyon, il les autorise à assigner aux souscripteurs tous les exploits, émoluments et revenus de ladite sénéchaussée. Une ordonnance de 1316, de Philippe V dit le Long, constitue des rentes viagères et des rentes perpétuelles à la charge du Trésor royal. Un mandement de Charles V, de 1364, charge les conseillers du diocèse de Rouen de lever un emprunt et de donner les ordres pour en garantir le service. L'existence d'une Dette publique, dès le XIVe siècle, est attestée par Sully, qui déclare soumises à la révision « toutes les dettes du Roi, même celles contractées avant 1375. » La plupart portaient intérêt, malgré l'hostilité que l'Eglise témoigna longtemps à ce genre de placement. C'est sous François Ier que furent constituées les premières rentes dites de l'Hôtel de Ville. Une administration indépendante du

Trésor royal, ne relevant que de l'autorité municipale, fut constituée à Paris. Par lettres patentes du 2 septembre 1522, le Roi donne pouvoir à des commissaires d'aliéner jusqu'à 25 000 livres tournois de renie, à raison de 10 pour 100 et au-dessous, avec engagement sur les aides, gabelles et impositions en la ville de Paris et autres lieux. En 1536, une nouvelle somme de 100 000 livres est fournie au Roi, en échange de 8 333 livres 6 sous 8 deniers de rentes, à répartir entre les « habitants aisés de la ville. » Cela représentait un emprunt contracté au taux de 8 1/3 pour 100 (denier douze, c'est-à-dire un denier pour douze). Le droit de rachat perpétuel était expressément réservé au Roi.

Désormais, beaucoup d'emprunts royaux se firent par l'intermédiaire et sous la garantie des prévôts et échevins de Paris. On admet qu'en 1560, le capital de la Dette s'élevait à 42 millions de livres ; il ne cessa d'augmenter jusqu'à la fin du XVIe siècle. Sully, le grand réformateur, s'attacha à l'apurement des comptes. Dès 1593, il proposa à Henri IV de dresser un état de « toutes les dettes auxquelles la France pouvait être engagée, soit à cause des engagements ou aliénations des domaines, soit par création ou constitution de rentes, soit pour toute autre cause. » En 1604, l'enquête était terminée : une révision aussi équitable que possible réduisit de 6 millions le service annuel de la Dette.

Un siècle plus tard, à la fin du règne de Louis XIV, le contrôleur général Desmarets dut recourir à une mesure analogue : en 1710, une déclaration du Roi prononça la réduction au denier 20, c'est-à-dire à 5 pour 100, de toutes les rentes dues par l'État ; eu 1713, il diminua le capital d'un certain nombre d'entre elles, s'appuyant sur le bas prix auquel leurs derniers acquéreurs les avaient obtenues. Le service des rentes n'exigea plus dès lors qu'une somme annuelle de 34 millions de livres. Sous Louis XV, la dilapidation des deniers publics atteignit d'effroyables proportions. Le mémoire au Roi de l'abbé Terray, qui avait été nommé contrôleur des finances à la fin de 1769, évaluait la dette exigible arriérée à 100 millions. L'abbé fit subir aux rentiers des amputations aussi excessives qu'injustifiées, essaya d'emprunter à diverses reprises, et, ne trouvant pas de fonds en France, s'adressa en 1771 à une maison de banque hollandaise, Horneca Hoggues et Cie : celle-ci s'engageait à verser 26 millions contre remise de 2 millions de rentes viagères constituées à 8 pour

100 sur une tête et à 7 pour 100 sur deux têtes. Peu de temps après être monté sur le trône, Louis XVI remplaça Terray par Turgot, qui devint contrôleur des finances le 24 août 1774 : durant sa courte administration, il resta fidèle aux principes qu'il avait posés dès le premier jour : il n'emprunta pas et il ne fit subir aucune violence aux créanciers de l'Etat. Il estimait, en 1775, à 119 millions de livres la charge annuelle de la Dette perpétuelle, viagère, flottante. Celle-ci comprenait les avances des fermes générales, des recettes générales, de la ferme des Postes, de la caisse de Poissy, de la ferme des droits réservés, des régies des droits réunis, des hypothèques et des domaines, de la régie de la Flandre maritime. Dans le total étaient compris les intérêts des emprunts des pays d'Etat (Languedoc, Bretagne, Bourgogne, Provence) contractés pour le compte du Trésor, et la Dette envers la Compagnie des Indes. En outre, une dette arriérée exigible représentait un capital de 235 millions.

Turgot tomba en mai 1776, fut remplacé par Clugny, qui céda lui-même la place à Necker au mois d'octobre de la même année. Ce banquier eut immédiatement recours à l'emprunt : en cinq ans, il se procura par cette voie 530 millions de livres, qui servirent à payer les frais de la guerre contre l'Angleterre. Son successeur, Joly de Fleury, continua le même système : en deux ans d'administration, il augmenta le capital de la Dette de 273 millions, chiffre considérable pour l'époque. M. de Galonné fut alors chargé des finances à la fin de l'année 1783 : c'est lui qui proclamait la prodigalité « une généreuse et intelligente économie.. » C'était annoncer qu'il aurait largement recours aux emprunts, selon le système de Necker. Il en créa pour 100 millions dès le mois qui suivit son entrée aux affaires, 125 millions en décembre 1784, 80 millions en décembre 1785, chaque fois au taux de 5 pour 100. Afin d'attirer les souscripteurs, il leur promit des avantages extraordinaires, tels qu'un remboursement en vingt-cinq ans avec accroissement annuel, de 15 pour 100 par an les trois premières années, de 20 pour 100 pour les trois suivantes et ainsi de suite jusqu'à 45 pour 100 pour les trois avant-derniers tirages ; le dernier devait donner une prime de 100 pour 100. Des primes, allant jusqu'à 150 000 livres, étaient promises aux obligataires de l'emprunt de 1785, qui avaient la faculté de demander, en échange du capital que le sort leur aurait attribué, des rentes viagères à 9 pour 100. Toutes ces rentes devaient être exemptes de toutes retenues et impositions généralement quelconques et ne pourraient jamais être réduites ni diminuées en aucun cas ni pour quelque cause que ce pût être. En dehors des emprunts directs, Calonne eut recours à d'innombrables expédients : il se fit consentir par le clergé une avance de 18 millions, verser 12 millions par les administrateurs des domaines pour rachat de leur charges, remettre 70 millions à titre de cautionnement par la Caisse d'escompte ; il contracta, par l'entremise des pays d'Etat, divers emprunts. De tout cela le ministre tira plus de 650 millions de ressources extraordinaires.

C'est sous l'administration de Calonne que fut constituée la *Tontine d'Orléans*, en vertu de lettres patentes du 27 novembre 1785. Le duc d'Orléans était autorisé à constituer une société de 6 000 actions de 1 000 livres : à chacune était attribuée une rente viagère de 40 livres, qui s'accroissait, à mesure du décès de chaque rentier, au profit des rentiers survivants, le dernier devant jouir de 240 000 livres de rente. L'opération du tiers consolidé réduisit ce chiffre à 80 000 livres : l'annuité a été payée jusqu'en 1883 à une survivancière, qui avait réuni sur sa tête toutes les rentes du début.

En dépit de ces expédients, le gouffre se creusait. Dans son mémoire du 20 août 1780, Calonne avouait au Roi la situation vraie des finances et demandait la convocation d'une assemblée des notables, à laquelle il exposa tout un plan de réformes, comprenant notamment l'établissement d'une contribution territoriale, la liberté du commerce des grains, la suppression des douanes intérieures, l'abolition des corvées, le remplacement du système des fermes. Ces projets ne furent pas admis, et Galonné fut remplacé, en avril 1787, par le cardinal de Loménie de Brienne. Celui-ci commença par établir quelques taxes nouvelles, puis proposa de créer une série d'emprunts graduels et successifs, dont l'émission devait avoir lieu annuellement de 1788 à 1792. En dépit de l'opposition du Parlement, l'édit fut enregistré en un lit de justice. Mais le public ne souscrivit pas, et le gouvernement convoqua les Etats généraux pour le 5 mai 1789.

Comme, en attendant cette réunion, il fallait vivre, le cardinal ne trouva d'autre moyen de se réserver des ressources que celui de suspendre partiellement, le 16 août 1788, les paiements en numéraire à effectuer par le Trésor : les appointements et les rentes devaient dorénavant être acquittés pour une fraction seulement en espèces et pour le reste en billets du Trésor royal. Deux jours après, le caissier général de la Caisse d'escompte, seule institution de crédit qui existât, était autorisé à effectuer ses paiements en Bons. Necker, qui revint alors au pouvoir, s'empressa de faire rapporter cette mesure (arrêt du 4 septembre 1788). Dans son premier discours aux Etats généraux, il se défendit d'avoir jamais songé à réduire les intérêts de la Dette publique. Le 7 août 1781), il proposa un emprunt, qui fut voté, au taux de 4 1/2 pour 100 ; mais le public n'en prit qu'une fraction infime. Necker obtint alors que l'Assemblée revint sur sa première décision et autorisât un emprunt de 80 millions à 5 pour 100.

II. — LA RÉVOLUTION ET LE PREMIER EMPIRE

Ces diverses rentrées représentaient bien peu de chose en face des engagements de la nation. Dans son rapport du 18 novembre 1789, M. de Montesquiou présenta le tableau de ce qu'il appelait les dettes criardes, comprenant les anticipations, les arriérés des rentes, les cautionnements des fermiers et régisseurs généraux et autres fonctionnaires, les arriérés des départements, les besoins extraordinaires. Il chiffrait le tout à 878 millions. D'autre part, la charge annuelle des rentes perpétuelles et viagères et de l'intérêt des capitaux dus à divers titres s'élevait à 208 millions. C'est à ce moment qu'apparurent les assignats, au moyen desquels l'Assemblée espérait faire face au déficit et dont l'incroyable abus devait accumuler de si effrayants désastres dans notre pays. Le 22 septembre 171)0, Lebrun, au nom du Comité de liquidation, présentait un rapport, d'après lequel le capital de la dette flottante atteignait 1 350 millions, sans compter 400 millions d'assignats. Le 29 du même mois, l'Assemblée en créa 800 millions de plus. Un an plus tard, le 16 août 1791, était instituée la Trésorerie Nationale, composée de six commissaires, placée directement sous le contrôle du Comité des finances de l'Assemblée. Au mois d'avril 1792, Cambon déclarait à l'Assemblée législative que les engagements du Trésor étaient les suivants :

Arrérages de la Dette constituée	185 millions
Capital de la Dette exigible	1 950 —
Assignats	1 564 —

Le 23 septembre suivant, deux jours après la première séance de la Convention dans laquelle la royauté avait été abolie, Cambon rendit compte de la situation : « Il n'y a plus, dit-il, d'autre ressource financière que les assignats, tous les impôts sont taris. Le gouvernement ne peut ni emprunter ni s'imposer. » La loi du 4 octobre 1792 porta à 2 400 millions la circulation des assignats : elle devait atteindre 40 milliards.

Au milieu de tant de mesures funestes, il faut signaler l'heureuse initiative prise par Cambon lorsqu'il créa le Grand Livre. La Dette dite constituée se divisait en deux catégories. La première comprenait les rentes de l'Hôtel de Ville ; la seconde, les rentes constituées à la charge des anciens pays d'Etat, des communautés religieuses ou industrielles, les dettes des communes, des fabriques et du clergé, exigeant une annuité perpétuelle de 89 millions. Au passif figurait en outre la Dette exigible à terme fixe, provenant des divers emprunts remboursables avec primes contractés sous le règne de Louis XVI : de ce chef, 416 millions étaient dus à Paris, 12 millions à l'étranger. La dette exigible liquidée et à liquider se composait du capital des offices de judicature, de finances, de jurande et autres supprimés le 14 juillet 1789, évalué à 626 millions. A ces sommes, il y avait lieu d'ajouter les assignats mis en circulation, ce qui conduit au total suivant, à la date du 1er août 1793 :

Capital de la Dette constituée, au taux de 5 pour 100	1 797 millions.
Dette exigible à terme fixe	429 —
Dette exigible à liquider	620 —
Assignats	3 775 —
Total	6 627 —

II. — LA RÉVOLUTION ET LE PREMIER EMPIRE

La loi du 24 août 1793 ordonna la création d'un Grand Livre, dans lequel seraient inscrites toutes les créances contre le Trésor au fur et à mesure de leur reconnaissance. Ce Grand Livre serait le titre unique des créanciers de l'Etat. En moins d'une année, le travail était achevé. Le 16 nivôse an III, Cambon put annoncer à la tribune que les quatre cinquièmes des inscriptions avaient été remises aux ayants droit.

Quand le Directoire entra en fonctions, il essaya de remplacer les assignats par des cédules hypothécaires, gagées directement sur un milliard (valeur de 1790) de biens nationaux. En même temps, il décréta un emprunt forcé de 600 millions *en valeurs métalliques*, que devaient souscrire les citoyens aisés, répartis à cet effet en seize classes, dont la contribution devait varier entre 50 livres au minimum et 5000 au maximum. A défaut de métaux, les grains, calculés au cours de 1790, ou les assignats, calculés au centième de leur valeur nominale, seraient reçus en paiement. Malgré tous les efforts du gouvernement, le public fournit à peine 100 millions en numéraire. La loi du 28 ventôse an IV créa 2 400 millions de mandats territoriaux comportant hypothèque, privilège et délégation spéciale sur tous les biens nationaux : la valeur de ces domaines fut fixée à vingt-deux fois leur revenu de 1790. En dépit de cette soi-disant garantie, le sort de ces mandats fut celui des assignats ; très peu de mois après leur apparition, ils n'étaient plus admis que pour le centième de leur valeur. Il est facile de comprendre quelle était alors la détresse des rentiers, dont les arrérages étaient payés en cette monnaie pour ainsi dire inexistante. La loi du 9 vendémiaire an VI (30 septembre 1797) vint consommer leur ruine partielle, en décrétant l'opération qui est restée fameuse dans l'histoire sous le nom de Tiers consolidé. Chaque inscription perpétuelle ou viagère portée au Grand Livre fut ramenée au tiers ; les deux autres tiers furent déclarés remboursables en bons mobilisés au porteur, qui pourraient servir à l'acquisition de biens nationaux en France et à Saint-Domingue, la rente perpétuelle étant capitalisée à 5 et la rente viagère à 10 pour 100. Les rentes furent encore une fois déclarées exemples de toute retenue présente et future. La loi du 22 frimaire an VII exonéra de tous droits d'enregistrement les inscriptions au Grand Livre, leurs transferts et mutations, les quittances des intérêts payés et généralement tous les effets de la Dette.

Raphaël-Georges Lévy

Lorsque Napoléon eut rétabli l'ordre dans les comptes de la nation, il apporta tous ses soins à ne pas augmenter le chiffre de la Dette : « Le temps n'est pas venu pour la France, disait-il à Mollien, de fonder ses finances sur les emprunts. Elle ne doit songer qu'à payer exactement les intérêts de sa Dette sans en accroître le capital. » L'Empereur resta fidèle à ce programme et ne recourut pas au crédit. La Caisse d'amortissement racheta à diverses reprises des chiffres de rente plus ou moins importants. En 1814, au moment de la Restauration des Bourbons, la Caisse possédait 3 700 000 francs de rentes : mais elle fut alors supprimée et réunie au Trésor.

III. — LA RESTAURATION, LA MONARCHIE DE JUILLET, LA SECONDE RÉPUBLIQUE, LE SECOND EMPIRE

En 1815, le total des rentes 5 pour 100 inscrites s'élevait à 63 millions : tel fut le legs du premier Empire à la monarchie de Louis XVIII. Les déficits des exercices 1812, 1813 et 1814 avaient modifié la situation prospère des finances impériales : l'arriéré exigible s'élevait à 759 millions. Le baron Louis et le comte Corvetto, premiers ministres des Finances du nouveau gouvernement, eurent fort à faire pour rétablir l'équilibre : ils y parvinrent en émettant des rentes, des annuités, des reconnaissances de liquidation et des obligations du Trésor. Leurs successeurs, le comte Roy et le comte de Villèle, persévérèrent dans cette politique.

En présence de ces lourdes charges, l'idée de reprendre l'amortissement de la Dette devait se présenter à l'esprit d'administrateurs soucieux de leur responsabilité. Le 23 décembre 1815, le comte Corvetto proposa la création d'une nouvelle Caisse d'amortissement, qui fut décidée par la loi du 28 avril 1816. Le revenu des postes lui était exclusivement et immuablement attribué ; le Trésor devait parfaire ce qui manquerait pour le porter à 14 millions par an, et verser en outre chaque mois à la Caisse 500 000 francs. Cela faisait une dotation de 20 millions, qui fut doublée en 1817.

L'ordre ayant été ramené dans les finances, l'indemnité aux Puissances étrangères payée, le territoire évacué, le cours des fonds publics remonta, et, en 1825, M. de Villèle put tenter la conversion du 5 pour 100 qui avait alors atteint le pair. Il en existait 197 millions de rente. Il proposa de les convertir au pair en un 4 1/2 pour 100 garanti contre le remboursement jusqu'en 1835, ou en un 3 pour 100 à 75 francs. L'opération échoua : 1 million de rente seulement, fut convertie en 4 1/2 et 24 millions en 3 pour 100, en sorte que l'économie annuelle ne dépassa guère 6 millions. Le capital nominal de la Dette avait d'autre part été augmenté de plus de 200 millions.

Une autre loi de la même année, celle du 27 avril 1825, créa 30 millions de rente 3 pour 100, c'est-à-dire un capital d'un milliard, destinés à indemniser les émigrés dont les biens avaient été confisqués et aliénés, « en exécution des lois sur les émigrés, les déportés et les condamnés révolutionnairement. » Les rentes seraient inscrites à raison d'un cinquième par an, du 22 juin 1825 au 22 juin 1829. Au 1er janvier 1831, il avait été attribué un capital de 829 millions. La loi du 5 janvier 1831 raya 131 millions du Grand Livre au profit de l'Etat. Dix ans plus tard, en 1841, un solde de 3 millions en capital fut encore annulé. En résumé, la Restauration avait inscrit au Grand Livre 159 millions de rentes, destinées presque exclusivement à liquider les engagements du passé ; mais la Caisse d'amortissement, de 1816 à 1830, avait racheté 54 millions de rente, correspondant à un capital d'un milliard de francs, en sorte que pendant cette période l'augmentation de l'annuité budgétaire affectée au service de la rente dépasse à peine 100 millions.

Cette gestion avait été sage. Le gouvernement de Juillet, à peine installé, eut à faire face à des dépenses extraordinaires, pour lesquelles il eut recours à l'emprunt. Une loi du 24 mars 1831 ordonna l'émission d'un emprunt 5 pour 100 au capital de 120 millions. Le 8 août 1832, une autre émission de 150 millions eut lieu au cours de 98, 50. Le 18 octobre 1841, un capital de 150 millions en rentes 3 pour 100 fut mis aux enchères et adjugé au prix de 78,52. Le 9 décembre 1844, 200 millions du même fonds trouvèrent preneur à 84,75 ; le 8 août 1847, 350 millions furent souscrits à 75,25. En même temps qu'il procédait à ces émissions, le gouvernement se préoccupait de consolider la Dette flottante, de plus en plus considérable, qu'il contractait vis-à-vis des Caisses d'épargne par suite de l'afflux des versements des déposants. A plusieurs reprises, des rentes furent remises à la Caisse des dépôts et consignations, en représentation des sommes dont elle était créancière à la suite de la remise faite par elle au Trésor des fonds des porteurs de livrets.

L'un des traits particuliers de l'histoire de la Dette française sous Louis-Philippe, c'est la répétition des tentatives, toujours infructueuses, qui furent faites de convertir la rente 5 pour 100. Ce fonds se maintint au-dessus du pair pendant la majeure partie du règne et atteignit souvent des cours très élevés. Dès 1836, un ministre et plusieurs députés demandèrent, sans succès, qu'il fût procédé à l'opération. L'idée fut reprise en 1838 ; la Chambre des députés, dans sa séance du 5 mai, adopta une proposition en vertu de laquelle la conversion devait avoir pour effet de réduire au moins de moitié le service de la rente sans augmenter le capital de plus d'un cinquième ; mais la Chambre des pairs la rejeta. En 1840, Hippolyte Passy, ministre des Finances, déposa un nouveau projet, qui fut défendu par son successeur, Pelet de la Lozère, et encore une fois repoussé par la Chambre haute. Garnier-Pagès en 1844, Muret de Bort en 1845, M. de Saint-Priest en 1846, rouvrirent la question, sans obtenir plus de succès.

Une loi importante en ce qui concerne la Dette publique fut celle du 10 juin 1833, qui décida que la dotation de la Caisse d'amortissement, dont le chiffre était alors de 44 millions, serait répartie au marc le franc du capital des diverses dettes 5, 4 1/2, 4 et 3 pour 100, pour être employée à des rachats ; mais bientôt une partie des disponibilités de la Caisse d'amortissement fut appliquée a l'acquisition de renies nouvelles émises par le Trésor et non plus à l'annulation de titres retirés du marché. Dès lors, le but de l'institution était faussé ; aussi les résultats, qui avaient encore été considérables pendant les trois premières années de la monarchie de Juillet, puisqu'ils s'étaient traduits par des rachats de près de 13 millions de rentes, allèrent-ils en s'amoindrissant : du 1er juillet 1833 à fin décembre 1847, il n'a été annulé qu'une quantité égale à celle de la période 1830-1832. Il est vrai que, pendant ce laps de temps, 910 millions ont été fournis par la Caisse d'amortissement pour payer les travaux extraordinaires et couvrir les déficits des budgets ; Les dix-huit années du règne de Louis-Philippe ont amené une augmentation d'inscriptions au Grand Livre, de 44 millions de rentes : mais ce chiffre comprend 32 millions qui ont été remis à la Caisse d'amortissement : l'accroissement réel n'a donc été que de 12 millions.

La République de 1848 créa, dès ses débuts, des rentes qu'elle remit aux porteurs de Bons du Trésor échus et aux déposans des Caisses d'épargne, le 3 pour 100 étant calculé à 55 et le 5 pour 100 à 80, puis à 71,60. D'autre part, il fallut porter de 3 à 5 l'intérêt sur l'emprunt qui était en voie d'émission en 1847, mais sur lequel les souscripteurs, au moment de la révolution de Février, n'avaient encore effectué qu'un premier versement. D'autres inscriptions au Grand Livre eurent pour objet le rachat du chemin de fer de Paris à Lyon et les indemnités données aux propriétaires d'esclaves qui furent affranchis dans nos colonies. Au total, le chiffre des rentes créées par la deuxième République, s'éleva à 53 millions de francs.

L'une des premières mesures du gouvernement de Louis-Napoléon fut la conversion du 5 pour 100, ordonnée par le décret du 14 mars 1852. Il offrait aux porteurs de 5 pour 100 de les rembourser au pair ou de remplacer leurs titres par ceux d'un fonds 4 1/2, garanti contre le remboursement pendant dix ans. A cette échéance, c'est-à-dire en 1862, M. Fould, qui était alors ministre des Finances, opéra la transformation du 4 1/2 et du 4 pour 100 en 3 pour 100 : il laissa aux porteurs la même rente que celle dont ils jouissaient, mais en la capitalisant sous forme de titres 3 pour 100, et en leur demandant, pour prix de l'augmentation de capital nominal qu'il leur consentait, une modique soulte de 5,40 par unité de 4 1/2 et de 1 fr. 20 par unité de 4 pour 100. Il encaissa de ce chef une maigre somme de 157 millions, tandis que le capital de la Dette publique avait été augmenté d'une somme décuple, 1600 millions. Ce fut une opération fâcheuse, qui avait tout les caractères d'un mauvais expédient budgétaire. Le second Empire émit plusieurs emprunts. Celui de 250 millions, de mars 1854, laissait aux souscripteurs la faculté de demander du 4 1/2 à 92,50 ou du 3 pour 100 à 65,25 : il leur fut attribué un capital de 100 millions du premier fonds et de 240 millions du second. Une autre opération, motivée comme la précédente par la guerre de Crimée, eut lieu au mois de janvier de l'année suivante, avec des taux d'émission presque identiques à ceux du précédent emprunt, 92 et 65, 25 : elle procura au Trésor un demi-milliard, pour lequel furent inscrits au Grand Livre 8 millions de rentes 4 1/2 et près de 16 millions de rentes 3 pour 100. Un troisième emprunt, émis en juillet 1856, procura 780 millions, pour lesquels 36 millions de rente furent créées. La guerre de Crimée ajouta ainsi 2 200 millions au capital de la Dette. La guerre d'Italie amena, dès le mois de mai 1859, un emprunt qui fut émis, suivant le système antérieurement adopté, à la fois en 4 1/2 et en 3 pour 100, à 90 et à 60,50. La guerre du Mexique provoqua l'opération de conversion dont nous avons parlé plus haut et qui procura au Trésor environ 200 millions de francs. Au mois d'août 1868, un capital nominal de 650 millions en rente 3 pour 100 fut mis en souscription à 69,25 : il fit entrer dans les caisses du Trésor 450 millions, destinés à couvrir les déficits des exercices précédents et à payer un certain nombre de dépenses militaires. Au total, le capital nominal des emprunts contractés sous le second Empire, avant la guerre de 1870, dépasse 4 milliards.

IV. — LA GUERRE DE 1870 ET LA TROISIÈME RÉPUBLIQUE JUSQU'À LA GUERRE ACTUELLE

La guerre de 1870, comparée à celle d'aujourd'hui, nous paraît un jeu d'enfants : l'importance des effectifs engagés, le nombre des rencontres, la puissance des armes et des projectiles, la conduite générale des opérations elles-mêmes, tout diffère à un tel point que les hommes de la génération d'alors, qui sont les vieillards d'aujourd'hui, cherchent vainement à mesurer, d'après les événements d'il y a quarante-six ans, les conséquences probables des batailles présentes. Au point de vue financier il en est de même. Nous dépensons, en deux mois, autant de milliards qu'en exigea toute la campagne d'alors, et, bien que notre Dette publique, à la veille des événements actuels, fût triple de ce qu'elle était à la fin du second Empire, il ne suffira pas de la doubler comme en 1871 et 1872 pour acquitter nos charges nouvelles. Cependant, l'effort demandé au pays fut déjà considérable : aux dépenses militaires proprement dites, s'ajoutèrent celles de la liquidation, de l'indemnité à payer et de la réorganisation complète de nos armées, de nos arsenaux, de nos forteresses.

L'un des traits nouveaux du financement de la guerre de 1870 fut l'intervention de la Banque de France, qui jamais encore ne s'était produite dans une pareille mesure. Le gouvernement s'adressa à elle pour obtenir des avances, qui s'élevèrent successivement à près de 1 600 millions. Dès le 18 juillet, la Banque, vis-à-vis de laquelle l'État n'était engagé que pour 60 millions à lui avancés en 1857, escompte pour 50 millions de francs de Bons du Trésor ; le 18 août, ce chiffre est porté à 100 millions ; le 19 août, la Banque prête 40 millions, contre garantie de titres, à la Caisse de dépôts et de consignations, pour lui permettre de fournir aux Caisses d'épargne les fonds réclamés par les déposants. Le 23 septembre, un crédit de 75 millions est ouvert à Paris au gouvernement de la Défense nationale ; le 5 décembre, un nouveau crédit de 200 millions est accordé. Le 11 janvier 1871, la Banque avance 400 millions, garantis par les forêts domaniales ; elle reçoit des Bons du Trésor à 3 mois, qu'elle escompte au taux de 3 pour 100. Pendant que ces opérations s'effectuaient dans Paris investi, d'autres prêts étaient consentis par la Banque, en province, à la délégation du gouvernement, qui s'était transportée d'abord à Tours, puis à Bordeaux. Au mois de juillet 1871, le total des avances, y compris l'ancien découvert de 60 millions, s'élevait à 1 530 millions.

Le cours forcé des billets avait été établi par une loi du 12 août 1870, qui fixait à 1 800 millions le maximum de la circulation. Ce maximum avait été, par étapes successives, porté en dernier lieu à 3 200 millions par la loi du 15 juillet 1872. Dès le 2 janvier 1872, l'État s'était engagé à rembourser à la Banque 200 millions de francs par an ; en 1878, il avait acquitté l'intégralité de sa dette, à l'exception de 80 millions, qui s'ajoutèrent aux 60 millions avancés depuis 1857. En 1896, à la veille du renouvellement du privilège de la Banque, l'avance permanente consentie au Trésor fut élevée à 180 millions et cessa de produire intérêt. En 1911, elle fut portée à 200 millions de francs, qui ne sont exigibles qu'en 1920, lors de l'expiration du privilège de la Banque. Le service rendu par elle aux finances publiques avait été considérable : avec une grande sagesse, le gouvernement comprit qu'il ne fallait pas user en temps de paix du crédit de l'institut d'émission, mais le ménager comme une de nos meilleures réserves de guerre. Il aurait même dû, selon nous, s'abstenir de lui demander les 200 millions dont nous venons d'exposer les origines et qui ont servi en partie à l'État à fournir des avances aux Caisses de crédit agricole. Nous voyons en ce moment combien cette prudence était justifiée et combien il était nécessaire de laisser intactes, pour les jours d'épreuve, l'intégrité des forces de la Banque.

La Banque de France n'avait d'ailleurs fourni au gouvernement qu'une partie des fonds dont il avait besoin. Dès le début du mois d'août 1870, M. Magne, alors ministre des Finances, émit un emprunt de 800 millions de francs en rente 3 pour 100, au prix de 60 fr. 60. Pour obtenir cette somme, il avait fallu créer un capital nominal de 1 327 millions. Au mois d'octobre suivant, le gouvernement de la Défense nationale fit négocier à Londres, par M. Clément Laurier, un capital de 250 millions de francs en rente 6 pour 100 amortissable : cette opération est restée connue dans l'histoire sous le nom d'emprunt Morgan. On sait que cette maison se trouve de nouveau étroitement mêlée à nos finances de guerre en 1914-1916. C'est par son intermédiaire que le gouvernement français achète les fournitures qu'il fait venir des Etats-Unis ; c'est elle qui s'est mise à la tête du syndicat américain qui a acquis les titres de l'emprunt anglo-français émis à New-York, au mois d'octobre 1915. L'opération de 1870 avait été onéreuse pour l'emprunteur, qui dut payer un taux de 7,42 pour 100 et se reconnaître débiteur d'un quart de milliard, alors qu'il ne recevait que 202 millions.

Dès 1875, M. Léon Say fit disparaître le type 6 pour 100 de notre Grand Livre, en donnant, en échange de chaque obligation de l'emprunt Morgan au capital de 500 francs et d'une soulte en espèce de 144 francs, 30 francs de rente 3 pour 100 perpétuelle.

Les négociations que nous venons de rappeler avaient tout juste suffi pour couvrir les dépenses de la campagne. Aussitôt la paix de Francfort signée, nous dûmes recourir à des opérations d'une plus vaste envergure pour réparer les désastres, et avant tout libérer le territoire. Un emprunt, destiné à produire 2 milliards de francs effectifs, fut offert au public le 27 juin 1871, en rentes 5 pour 100, au prix de 82 fr. 50 : le succès fut grand. Ce fut un premier rayon de soleil dans le ciel assombri de la patrie que l'empressement significatif avec lequel Français et étrangers apportèrent leur or aux guichets du Trésor public. L'année suivante, une nouvelle quantité du même fonds 5 pour 100 fut mise en souscription au prix de 84 fr. 50 (loi du 15 juillet 1872). On demandait 3 milliards, il en fut souscrit 44. De mémoire d'homme, aucun emprunt n'avait jamais rencontré pareil accueil. Le capital inscrit au Grand Livre, à la suite de ces deux opérations, fut de 6 800 millions de 5 pour 100. En très peu de temps, le cours remonta au pair, qui fut dépassé dès 1874. Le nouveau 5 pour 100 ne cessa de s'élever, si bien qu'en 1881 on le vit franchir le cours de 121. Ce prix démontrait avec la dernière évidence que le taux de notre crédit avait changé, et que la France trouverait tous les capitaux qu'elle voudrait à un prix bien inférieur à celui qu'elle avait dû payer au lendemain des défaites de 1870. Le cours de la rente 3 pour 100, qui s'éleva en 1880 jusqu'à 87, indiquait qu'un taux de moins de 4 pour 100 était dès lors celui qui correspondait à notre puissance financière. La conversion était mûre : elle aurait pu se faire dès cette époque. On crut devoir la différer, pour des raisons de politique et de sentiment ; on voulait ménager les souscripteurs qui, aux jours d'épreuve, avaient apporté leur or au pays.

Ce ne fut qu'en 1883 que le 5 pour 100 fut converti en un fonds 4 1/2, qui était garanti contre tout remboursement pendant dix ans. Le cours s'en établit au-dessus du pair, et sa conversion, à l'échéance, en 3 1/2 pour 100 ne fut qu'un jeu. Dès le 17 janvier 1894, le taux le plus élevé payé par la France à ses créanciers était de 3 1/2 pour 100. Quelques anciennes rentes 4 et 4 1/2 pour 100, qui subsistaient encore et dont l'une remontait à un emprunt de 1829 et l'autre était le résidu de la conversion Villèle de 1825, avaient été, par M. Rouvier, converties en 3 pour 100. C'est en 1887 qu'eut lieu cette opération, qui portait sur un capital d'environ 900 millions et qui amena la disparition de 37 millions de rente 4 1/2 et d'un demi-million environ de rentes 4 pour 100. Le Trésor y trouva un bénéfice de 173 millions, parce qu'il fut créé un chiffre de rentes 3 pour 100 égal à celui des rentes converties, et que l'excédent de ce chiffre sur le montant nécessaire à la conversion fut aliéné.

Pendant que s'accomplissaient ces brillantes opérations, un nouveau fonds avait été créé, le 3 pour 100 amortissable, dont le but spécial était de fournir au Trésor la somme dont il avait besoin pour l'exécution du vaste programme de travaux publics arrêté vers 1878, et auquel le nom de M. de Freycinet est resté attaché. M. Léon Say, qui fut le créateur de ce nouveau type, jugea que, si l'Etat empruntait pour construire des ponts, des canaux, des voies ferrées, il devait prévoir, à l'heure même où il s'endettait, l'extinction graduelle de la charge ainsi contractée. C'est pourquoi il s'arrêta à un fonds remboursable dans une période égale à celle qui est assignée en général aux Compagnies de chemins de fer pour l'extinction de leurs obligations. Tous les titres de rente amortissable auront disparu en 1955. Chaque année, le 1er mars, un tirage au sort désigne les numéros de celles des 175 séries qui sont appelées au remboursement. La première émission eut lieu en 1878, par voie de placement direct en Bourse par le ministère des agents de change ; une nouvelle en 1881, au cours de 83 fr. 25 ; une dernière en 1884, au cours de 76 fr. 25. En outre, il a été créé des rentes amortissables pour la consolidation de la Dette flottante, la dotation de la Caisse nationale des retraites pour la vieillesse, de sorte que le capital nominal inscrit au Grand Livre s'est élevé à 4 254 millions.

La rente 3 1/2 pour 100, créée en 1894, était garantie contre tout remboursement pendant huit ans, c'est-à-dire jusqu'en 1902. Dès que cette échéance eut été atteinte, M. Rouvier se préoccupa de convertir un fonds qui avait largement dépassé le pair et d'unifier la Dette française au taux de 3 pour 100. Cet habile ministre procéda à une conversion dite différée, c'est-à-dire qu'il promit aux porteurs qui accepteraient l'opération quatre années d'intérêt à 3 1/4 avant de les réduire à 3 pour 100. Pour procéder immédiatement à la délivrance d'obligations à ce taux, la loi du 9 juillet 1902 ordonna le paiement anticipé de la différence d'intérêt d'un quart pour 100 pour la période intérimaire, ce qui faisait un franc par 3 francs de rente. Cet ingénieux procédé permit d'unifier, dès 1902, la totalité de la rente 3 pour 100, qui figurait alors dans le Grand Livre pour un capital nominal de 21 milliards et demi de francs. Dans ce chiffre est compris un montant de 265 millions de francs, émis au pair le 21 décembre 1901, en vertu de la loi du 6 du même mois. C'est M. Caillaux qui avait ainsi capitalisé l'annuité que la Chine s'est engagée à nous verser, en réparation des dommages causés à nos nationaux par l'insurrection des Boxers.

A cette époque, la totalité de la Dette consolidée française était représentée par le 3 pour 100 perpétuel et le 3 pour 100 amortissable, qui se tenaient l'un et l'autre aux environs de 102. Ce fut l'apogée de notre crédit, qui fléchit quelque peu au cours des années suivantes ; ce recul était d'ailleurs dû à des circonstances générales plutôt qu'à des causes intrinsèques.

Sous l'influence d'une activité industrielle intense et des guerres sud-africaine, russo-japonaise, italo-turque, balkaniques, le loyer des capitaux s'élevait et les fonds de tous les Etats baissaient : en 1913, notre 3 pour 100 tomba aux environs de 83, et l'amortissable aux environs de 88. Aussi lorsqu'en 1914, le gouvernement français se décida à émettre un emprunt, eût-il recours au type 3 1/2 pour 100, alors que, depuis le commencement du siècle, il n'avait pas créé de rentes à un taux supérieur à 3 pour 100. Le 1 juillet 1914, fut émis un capital de 900 millions de francs en rentes 3 1/2 pour 100, amortissables en vingt-cinq ans, offertes aux souscripteurs à 91. Les coupons de cet emprunt devaient être soumis à l'impôt sur les valeurs mobilières de 4 pour 100, c'est-à-dire que le revenu de 3 francs 50 par 100 francs de capital nominal était en réalité ramené à 3 francs 36.. C'était la première fois qu'une rente nationale était ainsi frappée. Nous verrons bientôt que les ministres des Finances n'ont pas persisté dans cette voie, et qu'on est aujourd'hui revenu au principe tutélaire des émissions de rentes nettes d'impôt.

En résumé, à la veille de la guerre, notre dette consolidée, en chiffres ronds, se composait de :

	22 milliards de 3 pour 100 perpétuel
	4 milliards de 3 pour 100 amortissable
	1 milliard de 3 1/2 pour 100 amortissable
Au total :	27 milliards de francs

Si l'on ajoute à ce chiffre celui que représente la capitalisation des annuités dues à divers titres, des pensions civiles et militaires, de la Dette flottante, on arrive à une somme qui approche de 40 milliards de francs, soit à peu près mille francs par tête d'habitant.

Avant de clore ce chapitre et d'entrer dans la période qui correspond à la guerre actuelle, et qui, sur le terrain financier comme sur les autres, marque un tournant de l'histoire, il est intéressant de rappeler quelles furent, jusqu'à cette date, les principales fluctuations des cours des rentes françaises.

Les mouvements de nos fonds publics, examinés de près, donnent les indications les plus instructives sur la situation du pays au point de vue économique et politique. Bien que la concordance des effets de la prospérité des affaires et delà stabilité gouvernementale ne soit pas absolue, on n'en reconnaîtra pas moins que notre crédit s'élevait à mesure que la nation avait plus de confiance dans l'avenir de ses destinées et se livrait avec plus de sécurité aux travaux qui devaient développer sa force productive.

Le 3 pour 100 perpétuel, qui fît son apparition, en 1825, aux environs de 76, tomba un moment au-dessous de 60, mais se releva graduellement jusqu'au cours de 86, qu'il dépassa en 1840. Il fléchit assez sensiblement jusqu'à la fin du règne de Louis-Philippe, et recula passagèrement, après la Révolution de 1848, jusqu'au cours de 32. Il valut 86 francs en 1852 et 51 francs en 1870, accusant ainsi une oscillation de près de 50 pour 100 entre le début et la chute du second Empire. Il s'est alors relevé sans interruption, pour ainsi dire, jusqu'en 1897, année au cours de laquelle il dépassa le cours de 105. Il est revenu aujourd'hui aux environs de 64.

Le 3 pour 100 amortissable, né en 1878, a eu des variations parallèles, d'une façon générale, à celles du 3 pour 100 perpétuel, mais avec des caractéristiques qui méritent d'être relevées. En principe, il est évident qu'un fonds remboursable dans une période déterminée, doit valoir plus qu'une rente perpétuelle, lorsque la cote de celle-ci est inférieure au pair, et moins, lorsque cette rente se tient au-dessus du pair : dans le premier cas, en effet, le remboursement est un avantage, et dans le second, un inconvénient. D'autre part, cet avantage ou cet inconvénient sont d'autant plus sensibles que l'on s'approche davantage de la fin de la période d'amortissement. Cependant, les fluctuations de la rente amortissable n'ont pas toujours obéi à cette loi. En 1901, son cours le plus bas a été de 99,10, alors qu'au cours de la même année, le 3 pour 100 perpétuel n'est pas descendu au-dessous de 99,85. Au contraire, depuis que celui-ci est entré dans une ère de fléchissement, l'écart entre les deux fonds s'est tendu au profit de l'amortissable : en 1913, ce dernier fonds n'est pas descendu au-dessous de 87,50, tandis que le 3 pour 100 a reculé un moment jusqu'à 83,45. Aujourd'hui, le perpétuel est à 64, tandis que l'amortissable est à 75.

L'étude des cotes du 5 pour 100 nous fait remonter à la période révolutionnaire, au cours de laquelle le désordre financier l'avait fait tomber un moment au niveau invraisemblable de 9 ; il est vrai que, la même année, il remontait à 24. Sous le premier Empire, il atteignit son prix le plus haut, 93,40, le 27 août 1807. En 1814, il connut les points extrêmes de 45 et de 80. Sous la Restauration, il dépassa 110, en 1829 ; sous Louis-Philippe, il descendit au-dessous de 75, en 1831, et franchit 126 en 1844. La République de 1848 le vit, à ses débuts, tomber à 50, et dépasser notablement le pair au début de 1852. Il disparaît alors pour faire place au 4 1/2, dont le plus bas cours, 75, fut enregistré en 1859, au moment de la guerre d'Italie, et le plus élevé, 118, en 1880, à la veille du *boom* de l'Union générale. Le nouveau 5 pour 100, créé en 1871, dépassa le pair dès 1874, 121 en 1881, et fut, en 1883, converti en un 4 1/2 qui ne vécut que dix ans et oscilla entre les cours extrêmes de 143 et de 111. Le 3 1/2, qui lui succéda, se négocia entre 100 et 109.

D'une façon générale, la cote de nos fonds publics a atteint son apogée à la fin du XIXe siècle, à une époque où la paix semblait raffermie en Europe, où les capitaux étaient abondants, et où l'équilibre budgétaire avait été rétabli. Dès le début du XXe siècle, des événements politiques et économiques sont venus modifier cette situation : un essor industriel considérable dans les diverses parties du monde, les guerres nombreuses qui se succédèrent, à de brefs intervalles, en Europe et en Asie, firent rouvrir le Grand Livre de la Dette de plusieurs États et provoquèrent une dénivellation générale des crédits. Au cours de cette période, nos fonds ont fléchi moins rapidement que ceux de la plupart des Puissances européennes, mais d'une manière assez sensible cependant.

V. — LA GUERRE DE 1914-1916

C'est à 26 milliards environ que s'élevait, avant la guerre actuelle, le capital du 3 pour 100 perpétuel et du 3, pour 100 amortissable. Cette Dette consolidée exigeait, pour son service annuel, 812 millions. Il faut ajouter à ce chiffre celui de la Dette viagère, s'élevant à 341 millions, et des annuités dues à divers titres, notamment du chef des conventions avec les Compagnies de chemins de fer : ce dernier chapitre atteignait 165 millions, tandis que celui de la Dette flottante s'élevait à 1 432 millions, dont 1 914 rapportaient intérêt. La partie de cette Dette flottante qui est représentée par des Bons à court terme, n'était, au moment où la guerre éclata, que de 195 millions. Les avances de la Banque de France atteignaient un total de 200 millions, celles de la Banque de l'Algérie 5 millions de francs seulement.

C'était à ces deux sources, que le gouvernement allait s'adresser en premier lieu. En ce qui concerne la Banque de France, il n'eut tout d'abord aucune mesure spéciale à prendre. La convention de 1911 avait prévu le cas de guerre : il suffit de faire approuver par le Parlement les accords qui prévoyaient un prêt au Trésor de 2 900 millions par la Banque de France et de 100 millions par la Banque de l'Algérie. Le maximum de la circulation des billets était fixé à 9 milliards pour le premier de ces établissements et à 400 millions pour l'autre.

Dès le mois de septembre 1914, il apparut que les montants prévus ne seraient pas suffisants. Un nouveau traité intervint, par lequel la Banque de France s'engageait à porter son découvert à 6 milliards. Des décrets de septembre 1914 élevèrent le maximum de sa circulation de 9 à 12 milliards et celui de la Banque de l'Algérie de 400 à 450 millions. Enfin, au mois de mai 1915, le maximum de l'avance fut fixé à 9 milliards et celui de la circulation à 15 milliards. Le taux d'intérêt que l'État paie est de 1 pour 100 ; en réalité, l'impôt qu'il prélève sur la circulation dite productive ramène ce taux à 7/8 pour 100. Il sera relevé à 3 pour 100 un an après la conclusion de la paix. Mais ce supplément de 2 pour 100 n'ira pas grossir les profits des actionnaires ; il servira à amortir les pertes éventuelles que la Banque aura pu subir du chef de son portefeuille moratorié, c'est-à-dire des effets de commerce qu'elle avait escomptés avant la guerre et dont l'échéance s'est trouvée successivement reculée par une série de décrets pris au cours des hostilités. Au bilan du 30 décembre 1915, la circulation des billets était de 13 milliards, et l'avance consentie à l'État de 5 milliards, en dehors des 200 millions dont nous avons expliqué l'origine.

La Banque de l'Algérie, de son côté, par convention en date du mois d'octobre 1915, a fait à l'État une nouvelle avance de 100 millions et a vu le maximum de sa circulation porté à 500 millions par décret du 27 novembre 1915.

A côté de ces milliards, le gouvernement en a demandé d'autres aux Bons du Trésor. En temps ordinaire, ces Bons, qui ne sont pas autre chose qu'un billet à ordre émis par le caissier payeur central du Trésor à l'échéance de 3, 6 ou 12 mois, servent à régulariser le service des dépenses publiques, lorsque les recettes ne rentrent pas aussi vite que s'effectuent les paiements. En temps de guerre, ils rendent un service analogue : mais comme alors les recettes, même au bout de l'exercice, n'équilibrent pas les débours, il faut avoir recours à l'émission de Bons d'une façon permanente jusqu'à ce que l'équilibre soit rétabli, c'est-à-dire jusqu'à la conclusion de la paix.

Au début de la guerre, le montant des Bons en circulation s'élevait à 427 millions ; le 7 septembre suivant, il avait été réduit à 350 millions. C'était là un chiffre très faible, à peine égal à celui qui, en temps de paix, alimente les besoins courants de la Trésorerie. Le ministre avait coutume d'opérer le placement de ces Bons dans une clientèle restreinte, celle des Chambres de commerce et des banquiers. Il a jugé que le moment était venu de s'adresser au public, de lui faire connaître ces valeurs si intéressantes au point de vue de la sécurité et du rendement. Il a pour cela décidé de créer de petites coupures et d'en opérer la vente par l'entremise des comptables directs du Trésor, des receveurs des administrations financières et des receveurs des postes, de façon à multiplier les guichets où les acheteurs pourraient s'approvisionner. Le décret du 13 septembre 1914 a décidé que ces Bons porteraient le nom de Bons de la Défense nationale : l'intérêt est de 4 pour les Bons à trois mois, de 5 pour les Bons de six mois à un an. Ils sont admis pour la libération des souscriptions à tous emprunts futurs, avec droit de préférence pour les souscripteurs qui les apportent en paiement.

Ces Bons sont rapidement devenus populaires et ont constitué l'emploi favori des disponibilités des sociétés et des particuliers. Le montant placé en a augmenté de mois en mois. Ils conviennent spécialement aux personnes morales et aux particuliers qui, tout en ayant des sommes d'argent dans leurs caisses, ne sauraient les consacrer à des achats de rentes perpétuelles, parce que dans un bref délai, ils peuvent avoir besoin de retrouver la libre disposition de leurs fonds : ils ne peuvent donc les employer qu'à l'acquisition de valeurs à courte échéance, dont le capital est fixe et la rentrée certaine. Les Bons du Trésor répondent admirablement à ce desideratum, surtout depuis que la Banque de France a pris, en novembre 1914, l'engagement d'escompter ceux dont l'échéance ne dépasse pas trois mois. Dès le début d'octobre dernier, M. Ribot faisait connaître au Conseil des ministres la progression satisfaisante des souscriptions et indiquait la préférence manifestée par le public pour l'échéance la plus lointaine, preuve de sa confiance dans la signature de l'Etat.

Un décret du 2 septembre 1914 avait fixé à 940 millions le montant des Bons à émettre pour le service de la Trésorerie et les négociations avec la Banque de France. Cette limite fut élevée à 1 400 millions par décret du 3 décembre suivant, à 4 1/2 milliards par la loi du 27 mars, à 6 milliards par celle du 18 mai 1915, à 7 milliards en août. Dans cette dernière limite n'est pas compris le montant des Bons que le ministre a été ou sera autorisé à remettre à la Banque de France, pour être escomptés au profit des pays alliés ou amis. D'après le bilan du 30 décembre 1915, le total eu atteignait alors 630 millions.

Afin de permettre aux bourses les plus modestes de participer à ces opérations, un décret et un arrêté du mois d'août 1915 ont créé des Bons de la Défense nationale de 5 et de 20 francs, qui peuvent à tout moment être transformés en obligations, dont, la plus petite coupure est de 100 francs : il leur est alors tenu compte des intérêts à raison de 2 ou de 8 centimes par mois. Au bout d'une année, ils sont remboursables au pair avec un intérêt de 5 pour 100. Ils sont également admis pour la libération des souscriptions aux futurs emprunts de l'État. Le 12 novembre 1915, M. Ribot déclarait à la Chambre que le total des Bons en circulation s'élevait à 8 353 millions.

En dehors des Bons qu'il a placés et place tous les jours en France, le gouvernement en a émis à l'étranger. A la fin de 1914, d'après l'exposé que M. Ribot a présenté au Parlement au mois de décembre, il avait été placé pour 102 millions de francs de Bons du Trésor en Angleterre et aux États-Unis. La loi du 7 mai 1915 a autorisé la création de Bons du Trésor, destinés à être remis ou gouvernement britannique et escomptés par lui, le produit net de l'escompte devant être appliqué au paiement d'achats effectués par la France sur certains marchés étrangers. Cette autorisation a été donnée pour 1 059 500 000 francs, soit 42 millions de livres sterling au change de 25 francs 22 la livre. Ces Bons ont été créés à six mois d'échéance, sont renouvelables et devront être remboursés un an au plus tard après la conclusion de la paix. Le gouvernement britannique s'est engagé à appliquer à l'escompte de ces Bons le taux auquel il négocie sa propre signature dans la Cité. Enfin, nous avons, au mois d'octobre 1915, placé aux États-Unis, conjointement avec le gouvernement anglais, un emprunt de 500 millions de dollars, dont la moitié, c'est-à-dire, au change actuel, environ 1 500 millions de francs, nous a permis de solder une partie de nos achats américains.

D'autre part, la France a, depuis le début de la guerre, consenti des prêts à la Belgique, à la Grèce, à la Serbie, au Monténégro. Le décret du 27 octobre 1914 autorisait le ministre des Finances à ouvrir, dans les écritures centrales du Trésor, un compte de fonds spéciaux intitulé « avances à des gouvernements ou a des établissements étrangers » et à y imputer une somme répartie comme suit :

	francs.
Avance au gouvernement belge	250 000 000
— au gouvernement serbe	90 000 000
— à la Banque du Monténégro	500 000
Total	340 500 000

Un décret du 20 novembre 1914 a autorisé une avance de 20 millions à la Grèce. Le 4 mars 1915, une loi a porté à 1 350 millions le total de ces avances. A cette date il avait déjà été prêté 185 millions à la Serbie. Des avances ont été consenties à la Russie par l'Angleterre et la France. En outre, des conventions sont intervenues avec la Banque de Russie, pour lui fournir à Paris des fonds dont la contre-valeur était portée à Petrograd au crédit de la Banque de France., Cet avoir représente la plus forte part du chapitre « Disponibilités à l'étranger » qui figure pour plus d'un milliard (exactement 1 056 millions) dans la dernière situation de

1915 de la Banque de France.

Les avances que nous avons accordées ou que nous pouvons être appelés à fournir à divers pays alliés ou amis ont augmenté d'autant les besoins de notre propre Trésor, auquel les prêts de la Banque et les Bons ne suffisaient pas. Le ministre a eu alors recours à un troisième mode d'emprunt, tenant le milieu entre la Dette flottante ordinaire, à court terme, et les rentes consolidées, nous voulons parler des obligations décennales 5 pour 100 de la Défense nationale, qui sont remboursables au pair au plus tôt en 1920, au plus tard en 1925, et qui ont été créées par la loi du 10 février 1915 ; il en a été délivré jusqu'en novembre de la même année.

Ces obligations de la Défense nationale ont rencontré auprès du public un très bon accueil. Elles ont été demandées pour un chiffre qui n'atteint pas tout à fait la moitié de celui des Bons, ce qui s'explique par le fait que ces derniers attirent à eux la masse des capitaux qui ne peuvent s'engager que pour de très courtes périodes, des semaines, des mois tout au plus. D'autre part, les Français n'étaient pas accoutumés, avant la guerre, à ce type de valeurs d'Etat remboursables à échéance déterminée, intermédiaire entre le Bon qui est une véritable lettre de change et la rente perpétuelle, dans laquelle la notion du remboursement du capital disparait devant celle du paiement de l'intérêt annuel, seul engagement pris par le débiteur. Il s'est écoulé quelque temps avant que les capitalistes appréciassent tous les mérites de ce titre, dont le revenu réel dépasse 5 1/2 pour 100 et se rapprocherait de 6 pour 100, si le gouvernement faisait usage, dès 1920, de son droit de le rembourser au pair.

La loi récente qui a réglé les conditions d'émission de l'emprunt 5 pour 100 en rente perpétuelle, a suspendu l'émission des obligations de la Défense nationale et autorisé, conformément aux engagements pris vis-à-vis des porteurs, l'échange de ces obligations contre des titres de l'emprunt nouveau. La majeure partie des détenteurs a fait usage de cette faculté et abandonné leurs créances, remboursables au plus tard dans neuf ans, contre une dette perpétuelle, dont ils ne pourront jamais réclamer le capital à l'État. C'est pour celui-ci un allégement considérable de son passif à brève échéance.

Au mois de novembre 1915, le ministre des Finances jugea le

moment venu d'émettre un emprunt consolidé. Seize mois de guerre avaient été conduits avec les ressources procurées par l'impôt, par la Banque de France, par les Bons et les obligations de la Défense nationale émis à l'intérieur et à l'étranger. Il convenait de recourir maintenant à l'aliénation de rentes perpétuelles. Nous avons exposé, dans la *Revue* du 1er décembre 1915, comment M. Ribot fut amené à choisir le type de 5 pour 100, à déterminer les diverses conditions de l'opération, prix d'émission, durée de la période pendant laquelle l'Etat renoncé à son droit de rembourser le porteur, conversion facultative du 3 pour 100, admission à la souscription, au pair ou bien au prix d'émission, des Bons et obligations de la Défense nationale.

L'une des grandes innovations apportées aux habitudes du public français était la non-limitation du chiffre de l'emprunt. Lors des opérations antérieures, le total des rentes offertes par l'Etat était toujours fixé à l'avance, ce qui permettait aux souscripteurs de se livrer à des calculs de probabilité sur la répartition à attendre, et les engageait souvent à majorer leurs demandes en vue d'une réduction éventuelle. C'est ainsi que, dans certains cas, ces demandes ont été dix, quinze, vingt fois supérieures au total de l'emprunt.

En décembre 1915, rien de semblable ne pouvait se produire. Chacun était certain de recevoir tout ce qu'il souscrivait et limitait, en conséquence, strictement sa demande au chiffre qu'il désirait obtenir. C'était écarter d'avance le péril de la spéculation, mais c'était restreindre en même temps la possibilité de ces feux d'artifice de souscriptions qui, à d'autres époques, avaient paru un témoignage éclatant de la confiance du public dans le crédit de l'Etat.

La souscription, ouverte le 25 novembre, a été close le 15 décembre suivant. Les résultats ont été considérables. Dès le 24 décembre, M. Ribot déclarait à la tribune du Sénat que le nombre des souscripteurs en province atteindrait 2 millions, et qu'avec le contingent de Paris, le chiffre de 3 millions serait certainement dépassé. Cela correspond à une moyenne de 5 000 francs de capital par tête de rentier.

A côté des grosses souscriptions, ajoutait le ministre, nous avons une infinité de petites souscriptions, apportées pieusement pour la défense de la patrie. Des gens pauvres, humbles, attendirent des heures pour souscrire 5, 10 ou 15 francs de rentes, à la porte des Caisses d'épargne, aux guichets de la poste ou de ceux que le ministère des Finances a installés au Pavillon de Flore, dans le palais des Tuileries. En Angleterre, nous avons recueilli 602 millions avec 22 000 souscripteurs. La Suisse a donné plus de 100 millions. En Italie, en Egypte, en Espagne, dans les pays Scandinaves, en Amérique du Nord et du Sud, en Australie, partout on a tenu à envoyer à la France un témoignage de sympathie et à marquer la confiance qu'on a dans son crédit.

Pour quelques-uns de ces pays, la position du change a favorisé le mouvement. Il résultait en effet de la prime à laquelle le dollar des Etats-Unis, le florin des Pays-Bas, la livre sterling britannique, le franc helvétique, la peseta espagnole étaient cotés par rapport au franc, que les Américains, les Hollandais, les Anglais, les Suisses et nos voisins transpyrénéens se trouvaient en mesure de souscrire, pour une même somme de leur monnaie nationale, une quantité de rentes plus forte. Prenons comme exemple un Genevois qui, le 1er décembre, voyait le change à 90, c'est-à-dire que, moyennant 90 francs suisses, il se procurait 100 francs français. Les 87 fr. 25 à verser à Paris pour obtenir 5 francs de rente ne lui coûtaient que 90 X 87,25 / 100 soit 78 fr. 525. Au lieu de placer son argent à 5,73, il le place à 6,37. Il est vrai que si, lors de l'échéance des coupons, le change n'était pas remonté au pair, il subirait une perte proportionnelle sur cet encaissement : mais il est probable que, dès que la guerre sera terminée, on reviendra à la situation normale. L'exemple que nous avons choisi s'appliquerait également aux quatre autres pays à qui le change est passagèrement favorable. Mais d'autres raisons les ont décidés à souscrire. Les sympathies de New-York s'étaient déjà affirmées lors de l'émission sur cette place de l'emprunt franco-anglais. Les Espagnols se sont souvenus de tout ce que le capital français, au cours du XIXe siècle, a fait pour le développement de la péninsule. La Revue la *Actualidad financiera* rappelait que, lors de la guerre cubaine, en 1898, la France avait avancé au ministère d'*Ultramar* les sommes nécessaires au prompt envoi de la flotte et des troupes à la Havane : grâce à cette amicale intervention, faite aux conditions les plus modérées, la prime du change sur France, qui était montée un moment à 110, enlevant ainsi à la peseta espagnole plus de la moitié de sa valeur, était retombée à 70. Nos

V. — LA GUERRE DE 1914-1916

voisins n'ont pas oublié ces événements ; ils y ont vu une raison de plus, pour s'associer au grand mouvement de souscription à l'emprunt français de 1915.

Le capital souscrit atteint 14 milliards et demi de francs : il a été fourni, jusqu'à concurrence de 5 milliards et demi, par des espèces, et de 2 milliards et demi par des Bons de la Défense nationale. Il convient d'ailleurs de compter les souscriptions faites en Bons comme équivalentes à des souscriptions en numéraire : si en effet les Bons n'avaient pas été employés à cet objet, ils n'eussent pas tardé à être présentés, à l'échéance, au Trésor qui aurait eu à débourser une somme égale. Le reste a été couvert par des obligations décennales et de la rente 3 pour 100 apportée à la conversion.

Dans la majeure partie des cas, le montant total a été versé au moment même de l'émission : jamais encore une proportion semblable de titres n'avait été libérée à la souscription d'aucun emprunt. A ces divers points de vue, quantité du capital mis à la disposition du Trésor, qualité des souscriptions, multiplicité des parties prenantes, il est permis de dire que c'est un succès sans précédent. Il est encore plus remarquable, si l'on considère que nos départements les plus riches du Nord et de l'Est sont encore occupés par l'ennemi, que le pays est troublé dans ses moyens de production, que beaucoup de Français ne peuvent disposer de leurs créances, tels que les propriétaires qui n'ont pas touché leurs loyers, les porteurs d'effets de commerce dont les moratoires successifs ont prorogé les échéances. C'est donc avec des économies réalisées et non avec des économies escomptées que l'emprunt a été souscrit. Dès le premier jour, il est classé, c'est-à-dire entré dans les portefeuilles d'où il n'est pas destiné à sortir. La spéculation, dans le mauvais sens du mot, n'a pris aucune part à l'opération. Il n'est point venu aux guichets, comme c'est souvent le cas, cette foule de souscripteurs qui n'ont d'autre but que de réaliser un bénéfice rapide, en se préparant à revendre dès le lendemain, avec une légère prime, les titres obtenus par eux. Cette prime s'est produite, puisque, avant la fin de l'année 1915, on cotait déjà l'emprunt à Londres à 2 pour 100 au-dessus du cours d'émission, et que, depuis le 5 janvier 1916, il se négocie à la Bourse de Paris au-dessus du prix d'émission. Mais ce cours n'a point provoqué d'offres de la part des rentiers, qui désirent encaisser leurs coupons et non pas profiter d'une plus-value de capital.

Les réserves de la France sont encore considérables. Elles continueront à s'accroître, non pas aussi rapidement qu'en temps de paix, mais avec une intensité suffisante pour préparer, aux prochaines émissions que le Trésor sera amené à faire, un accueil aussi empressé que celui qui a été réservé à l'emprunt de la Défense nationale, en décembre 1915. On a tellement le vertige des milliards en ce moment que des chiffres qui, avant la guerre, nous eussent fait rêver, nous paraissent aujourd'hui tout naturels. Si l'on nous avait pourtant annoncé, en juillet 1914, lorsque nous émettions moins d'un milliard de 3 1/2, que, dix-huit mois après, en plein conflit, avec d'immenses armées sur pied, nous recueillerions sans difficulté 15 milliards de francs, nous serions peut-être demeurés sceptiques en face de cette prédiction. Elle vient de se réaliser. Il a été souscrit autant de milliards à notre emprunt que notre alliée l'Angleterre en a recueilli, au mois de juillet 1915, lors de l'émission de son second emprunt de guerre. La comparaison n'est pas pour nous déplaire. La dernière opération britannique avait été, il est vrai, précédée d'une première émission de 9 milliards de francs de 3 1/2 pour 100, en novembre 1914. Mais on peut dire que le placement de nos Bons et de nos obligations décennales avait fourni à notre Trésor des ressources équivalentes à celles du premier emprunt de guerre anglais. Nous ne saurions faire un meilleur éloge de nos finances que de dire qu'elles sont à la hauteur de celles de la Grande-Bretagne, qui n'a pas cessé d'exceller sous ce rapport. Il est intéressant de constater que nos alliés ont été amenés à hausser de 2 1/2 à 4 1/2 le taux de leurs fonds publics, tandis que nous avons passé du type 3 1/2, pratiqué par nous à la veille de la guerre, à celui de 5 pour 100. En ce qui concerne la Dette flottante, le Trésor britannique délivre en ce moment des bons a toute échéance à 5 pour 100, tandis que nous plaçons nos Bons trimestriels à 4 pour 100. Le nivellement des deux crédits de la France et du Royaume-Uni a été en quelque sorte officiellement constaté par l'émission à New-York d'un emprunt conjoint, contracté par les deux gouvernements, et dont le service est assuré pour moitié par chacun d'eux.

Ce qui est très remarquable dans l'emprunt français 5 pour 100 de 1915, c'est qu'il a été souscrit avec une facilité que tous les témoignages sont unanimes à faire ressortir. De bien des côtés on nous assure que, si la souscription eût été prolongée de quinze jours, d'autres milliards auraient été apportés au Trésor. L'ouverture des guichets a suivi de si près l'annonce de l'opération, que bien des gens n'ont pas eu le temps de préparer leurs disponibilités. Dans beaucoup de cas, les capitalistes, grands et petits, cherchaient à réaliser en France ou à l'étranger des valeurs qu'ils désiraient arbitrer contre la rente nouvelle : mais ces ventes, à l'époque actuelle, ne s'exécutent pas avec la même rapidité qu'en temps ordinaire. Souvent il a fallu renoncer à l'effectuer, faute d'être certain d'y réussir en temps utile. Notre gouvernement n'a pas encore offert aux porteurs nationaux de titres étrangers les facilités que le Cabinet anglais a données pour les titres américains, sur lesquels il s'est déclaré prêt à consentir des avances. Nous ne pensons pas qu'il soit nécessaire de prendre une mesure de ce genre à Paris.[1] En vue d'une nouvelle émission, nos rentiers sauront se préparer eux-mêmes des fonds en continuant à réaliser une partie de leur portefeuille étranger. Ils ont encore des réserves puissantes, qui garantissent au prochain emprunt, qui verra le jour vraisemblablement au cours de l'été 1916, un succès égal à celui du premier.

L'expérience acquise lors de l'émission de décembre 1915 servira sous divers rapports. Le personnel qu'il a fallu recruter hâtivement aura acquis une expérience qui facilitera et accélérera la marche des opérations futures. Si, lors du prochain emprunt, on a soin d'imprimer à l'avance une grande quantité de titres et de les tenir prêts à être aussitôt livrés aux souscripteurs contre versement des espèces, au lieu de les obliger à passer par la filière d'un grand nombre de reçus provisoires et de récépissés successifs, on encouragera singulièrement les demandes de la petite clientèle, qui a tant contribué au succès et au classement immédiat de la nouvelle rente 5 pour 100. Ne perdons pas de vue que c'est la collaboration active, intelligente, ardente pourrions-nous dire, de la nation tout entière qui, en matière financière comme en matière

---

1 Le Trésor anglais s'est déclaré disposé à se charger de la vente des titres américains que leurs possesseurs désireraient réaliser, ou à consentir des avances a ceux qui ne voudraient pas s'en défaire immédiatement. Toutefois, dans ce dernier cas, le gouvernement se réserve le droit, à toute époque, de procéder à l'aliénation des titres, en accordant aux propriétaires une bonification de 2 1/2 pour cent au-dessus du cours du jour.

militaire, assure le succès des opérations. Certes elle a besoin d'être guidée ; des chefs clairvoyants et résolus sont indispensables : mais dès qu'ils montrent la voie, ils sont suivis.

Un élément extrêmement important, qu'il ne faut jamais perdre de vue lorsqu'on étudie la Dette française, c'est le fait qu'elle est pour ainsi dire tout entière placée en France, possédée par nos nationaux. Certes, nous avons salué avec joie et fierté les souscriptions étrangères qui sont venues nous apporter le témoignage éclatant du jugement porté, non seulement par nos alliés, mais par les neutres, sur notre crédit. Mais nous devons constater que l'immense majorité des créanciers du Trésor, aussi bien en ce qui concerne les rentes consolidées que la Dette flottante, sont des Français. C'est là une force singulière pour nos finances, pour notre marché monétaire, pour celui des changes. La perte temporaire que notre monnaie subit par rapport à celle de certains Etats, qui nous fournissent en grandes quantités, le matériel de guerre supplémentaire dont nous avons besoin et pour le paiement duquel nous avons des sommes énormes à leur envoyer, est peu de chose à côté de celle qui atteint le mark allemand et la couronne autrichienne ; l'un est déjà amputé de 25, l'autre de 40 pour 100 de sa valeur. Ce sont là les signes d'un affaiblissement financier, dont la répercussion doit être profonde dans la vie économique des deux Empires du Centre. C'est l'un des effets de la maîtrise des mers, que l'admirable marine anglaise, en dépit des sous-marins teutons, assure si magnifiquement, avec le concours des flottes alliées, depuis le début des hostilités. L'arrêt d'un commerce extérieur qui permettait à nos ennemis de placer tous les ans des milliards de leurs produits au dehors, l'emprisonnement, dans leurs propres ports et dans ceux des nations neutres, de leurs navires marchands, est une cause de gêne qui va s'aggravant pour eux très rapidement. Leurs ressources s'épuisent, tandis que les nôtres se maintiennent.

La France peut donc continuer sans inquiétude la lutte glorieuse qu'elle soutient pour son indépendance, pour celle des nations que l'Austro-Allemagne prétendait écraser. Nous ne manquerons pas plus de munitions financières que d'obus pour nos canons et de cartouches pour nos fusils. Nous avons montré non seulement de quelles ressources matérielles nous disposions, mais comment, à l'heure du péril, tous les citoyens savaient les mettre en commun pour le salut public. Une pareille union est le gage le meilleur du triomphe définitif. L'emprunt 5 pour 100 de 1915 a marqué une étape sur le chemin de la victoire. N'est-ce pas d'ailleurs de ce nom qu'il a été, dès le premier jour, baptisé par ses souscripteurs ?

ISBN : 978-1545438152

www.ingramcontent.com/pod-product-compliance
Lightning Source LLC
Chambersburg PA
CBHW061451180526
45170CB00004B/1660